글쓴이 김미승

시를 쓰면서 동화와 청소년 소설을 쓰고 있습니다.
몽글몽글하고 풋풋한 이야기를 쓰기 위해 늘 머리 한쪽에 안테나를 바짝 세우고 산답니다.
지은 책으로는 시집 《네가 우는 소리를 들었다》《익어 가는 시간이 환하다》가 있고,
청소년 소설 《세상에 없는 아이》《저고리 시스터즈》《검정 치마 마트료시카》
《꿈을 파는 달빛제과점》《담장을 넘은 소녀》,
동화 《잊혀진 신들을 찾아서 산해경》《아깽이를 부탁해》
《그 비밀 나한테 팔아》《일제 강점기 최초의 여성 노동 운동가 강주룡》
함께 쓴 《소곤소곤 설화모리》 등이 있습니다.

그린이 이소영

풍부한 색감과 수채화 그림으로 한국과 프랑스에서 널리 사랑받는 그림책 작가입니다.
《그림자 너머》로 2014년 볼로냐아동도서전 올해의 일러스트레이터에 선정되었으며,
《파란 아이 이안》은 IBBY 장애 아동을 위한 좋은 책에 선정되었습니다.
쓰고 그린 그림책으로 《힘내, 두더지야》《안녕, 나의 루루》
《괜찮아, 나의 두꺼비야》《겨울 별》《여름》《굴뚝 귀신》 등이 있습니다.

세상을 바꾼 그때 그곳으로 10
**1948년 한국
제주 4·3 민주항쟁**

다랑쉬굴
아이

김미승 글
이소영 그림

한울림어린이

1948년 겨울 마을 공터.
방패연, 가오리연이 하늘을 헤엄치며 신나게 날았어요.
"야호, 내 연이 제일 높이 떴다!"
작은놈은 연처럼 높이 떠올라 넓은 세상을 보고 싶었어요.
육지에도 가 보고, 기차도 타 보고, 비행기도 타 보고 싶었어요.

간밤에 내린 눈이 장독대 위에 소복이 쌓였어요.
털모자를 쓴 아빠처럼요.
작은놈은 아빠를 기다려요.
아빠는 한 달쯤 전에 말 돌보는 일을 하러 산중턱으로 갔죠.
영차, 영차….
"보고 싶은 아방, 어멍, 그리고 나!"
"컹컹!"
"미안 미안. 누렁이 네 것도 만들어 줄게."
마당 한가운데 눈사람 네 개가 턱 버티고 섰어요.

*아방, 어멍 : 아빠, 엄마를 가리키는 제주도 말

"한 사람도 빠짐없이 학교 운동장으로 모이시오!"
총을 멘 아저씨들이 사납게 말했어요.
어느 날부터인가 마을에 들어온 군경 토벌대 아저씨들이었지요.
"산사람에게 식량 준 일이 들통났나?"
"배고픈 사람들한테 밥 좀 준 게 무슨 죄겠어요?"
마을 어른들과 안경삼촌이 근심스런 표정으로 속삭였어요.
안경삼촌은 동네 야학에서 형 누나들을 가르쳐요.
"네 삼촌은 공부를 마치면 학교 선생님이 될 거다."
아빠가 말했었죠.
작은놈은 커서 안경삼촌처럼 똑똑하고 멋진 사람이 될 거예요.

*군경 토벌대: 시민들을 무력으로 진압하기 위해 정부가 보낸 군인과 경찰
*산사람: 토벌대를 피해 산으로 도망친 사람들
*야학: 밤에 공부를 가르치는 곳. 야간학교

"산사람을 샅샅이 찾아!
가족들도 잡아와!"
온 마을에 고함과 비명이 휘몰아쳤어요.
"안경삼촌을 따라가.
며칠 숨어 있으면 곧 다시 만나게 될 거야."
엄마는 작은놈에게 당부했어요.
다음 날, 엄마가 토벌대에게 끌려갈 때
작은놈은 숨소리도 내지 못하고 토방 아래 숨어 있었어요.
토벌대의 군홧발에 눈사람 가족이 짓이겨졌어요.
'아방… 어멍…'

"왜 우리 어멍을 끌고가요?"
안경삼촌을 보자 참았던 눈물이 터져 나왔어요.
"네 아방이 산에 간 게 죄라는구나.
무장대와 한통속인 산사람이라고…."
"아니에요. 우리 아방은 산중턱 목장에서 말 돌보는 일을 하잖아요.
눈이 오면 집으로 온다고 했어요. 우리 아방은 잘못한 게 없다고요!"
울음이 섞여 말이 제대로 나오지 않았어요.
"권력에 눈 먼 사람들 때문에…휴…."
안경삼촌이 깊은 한숨을 내쉬며 하늘을 올려다보았어요.
꽝꽝 언 하늘에서 한숨처럼 눈발이 흩날렸어요.

*무장대: 무기를 갖춘 조직이나 집단

"어른들은 왜 싸워요?"
한참을 울고 난 작은놈이 코맹맹이 소리로 물었어요.
"넌 어려서 기억나지 않겠지만 우리나라는 3년 전에 해방을 맞이했어.
일본이 물러나고 나라를 되찾았지.
그런데 사람들 마음이 남한과 북한 두 쪽으로 갈라졌단다.
어떤 사람들은 남한만의 대통령을 뽑자고 하더구나.
제주 사람들은 반대했지. 반쪽 선거이니 투표도 하지 않았고.
그랬더니 남한 정부가 제주 사람들은 빨갱이라는구나.
수많은 사람들이 억울하게 끌려가 죽어 가고 있어.
우선은 이 폭풍을 피해 살아남아야지."

작은놈은 안경삼촌을 따라나섰어요.
낮에는 들녘의 움막이나 돌담 아래 숨어 있다가
밤길을 걷고 또 걸었어요.
옆마을을 지나고, 뒷마을도 지나고, 숲길도 지났어요.
타닥타닥….
여기저기 집들이 불타오르는 소리가 들려왔어요.
부연 연기 사이로 보름달이 빼꼼 얼굴을 내밀었어요.
보름달이 꼭 동그란 알사탕 같았지요.

"쉿!"
안경삼촌이 멈춰 서더니, 손가락을 입술에 댔어요.
그리고는 주위를 살피고 두 손을 입에 대고
귀뚜르 귀뚜르… 울음소리를 냈어요.
조금 있자, 풀숲 한가운데에 불쑥 사람 얼굴이 나타났어요.
안경삼촌과 작은놈은 그 사람을 따라
작은 굴속으로 기어 들어갔죠. 꼭 애벌레처럼요.
"뒤를 밟은 기척은 없었소?"
"애써 멀리 돌아왔으니 아무도 눈치채지 못했을 겁니다."
안경삼촌과 굴속 남자는 아는 사이인 듯했어요.

굴속에는 먼저 온 사람들이 있었어요.
얼굴은 보이지 않고 목소리만 우렁우렁 울리는데
윗말, 아랫말 삼촌들이라 했어요.
안경삼촌은 목소리들과 아는 척을 했어요.
시간이 조금 흐르자 희미하게 사람들이 보였어요.
돌하르방을 닮은 석상들 같았죠.

한 밤,
두 밤,
세 밤,
…….
밤인지 낮인지 모를 시간들이 흘러갔어요.
희미한 등불만 겨우 숨을 쉬는 것 같았어요.
이따금 밖에서 들려오는 고함 소리에
사람들은 더 단단한 석상이 되어 갔어요.
'며칠 숨어 있으면 곧 다시 만나게 될 거야.'
엄마의 약속은 굴속 빛처럼 희미해지고 있었어요.
작은놈은 자꾸만 불안해졌어요.

춥고 배고픈 날들이 이어졌어요.
"여기서 나갑시다. 자수하면 모두 살려 준대요."
식량을 구하러 나갔다가 빈손으로 돌아온 아랫말 삼촌이 말했어요.
등불이 잠깐 흔들리는 듯했지요.
"거짓말이에요. 바당말 사람들은 자수했다가 모두 총살당했다고요!"
똑똑한 안경삼촌이 반대했어요.
"산사람 가족과 함께 있어도 총살이야."
작은놈이 움찔했어요.
산중턱으로 일하러 간 아빠 얘기란 걸 알았으니까요.

*바당말: 바닷가 마을을 가리키는 제주도 말

"벌써 보름이네."
누군가 한탄스럽게 말했어요.
작은놈은 언젠가 친구에게 들었던 말이 생각났어요.
"다랑쉬오름 위로 보름달이 떠오를 때 소원을 빌면 들어주신대."
깊고 깊은 밤, 작은놈은 삼촌을 졸라 굴 입구로 나갔어요.
"와!"
작은놈은 한껏 숨을 들이마셨어요. 풀 냄새, 바람 냄새, 이슬 냄새…
가슴이 뻥 뚫리는 것만 같았죠.
눈부시게 밝은 보름달을 보며 작은놈은 두 손 모아 기도했어요.
"달님, 어멍 아방을 만나게 해 주세요!"

"굴이 발각됐어요! 토벌대가 오고 있어요!"
망을 보던 윗말 삼촌이 다급하게 소리쳤어요.
귀청이 찢어질 듯한 총소리가 들려왔어요.
"너희들은 포위됐다. 모두 밖으로 나와라!
나오지 않으면 굴을 폭파해 버리겠다!"
쩌렁쩌렁 들려오는 고함에 모두가 벌벌 떨었어요.
아무도 나갈 엄두를 내지 못했어요.
총보다 더 무서운 게 토벌대였으니까요.

"너희들은 이제 끝장이야. 폭도 새끼들!"
콰쾅!
굴속에서 수류탄이 터지며 돌무더기가 와르르 쏟아졌어요.
삼촌들은 작은놈을 감싸며 더 안쪽 굴로 숨어들었어요.
콜록콜록… 커억 컥!
굴 안이 매캐한 연기로 가득찼어요.
숨쉬기는 점점 힘들어졌어요.
토벌대가 굴 입구에 불을 피운 거예요.

삼촌들은 몸부림치면서도 작은놈을 돌 틈새로 밀었어요.
돌틈에서 실낱같은 바람이 맡아졌지만,
쳐들어오는 연기와 대결이 되지 못했어요.
"애가 무슨 죄가 있다고…."
작은놈을 감싸고 있던 삼촌들 손이 하나둘 떨어져 내렸어요.
굴속을 가득 메운 연기는 안경삼촌을 삼키고,
윗말 아랫말 삼촌들을 모두 삼켜 버렸어요.

"달님, 집에 가고 싶어요.
어멍, 아방이 보고 싶어요."
작은놈은 희미해지는 정신을 붙잡고 기도했어요.
달님이 미소 지으며 고개를 끄덕였어요.
"작은놈아, 이리 온."
엄마가 치마폭으로 작은놈을 감싸안았어요.
"우리 작은놈 어서 자라서 이 아방보다 힘세져야지. 하하하하!"
아빠가 커다랗고 따뜻한 손으로 작은놈을 번쩍 들어 올렸어요.

작은놈은 엄마 아빠 손을 잡고 집으로 걸어갔어요.
눈사람 가족이 반갑게 손을 흔들었어요.
작은놈은 엄마 아빠 손을 잡고 깊은 잠에 빠져들었어요.

다랑쉬굴은 1992년 4월에 발견되었다.
굴속에는 열한 구의 유골이 있었는데, 그중에는 아홉 살 어린이도 있었다.
고무신이 신겨진 유골, 허리띠가 채워진 유골, 안경을 쓴 유골….
솥, 물 항아리, 그릇, 요강 등 생활 도구들이 함께 있었다.
이들은 4·3 때 아무 이유 없이 희생된 가까운 마을 주민들이었다.

제주 4·3 이야기

1947년 3월 1일부터 1954년 9월 21일까지,
제주에서는 6·25 전쟁 다음으로 많은 시민들이 죽임을 당했습니다.
7년 7개월 동안 전체 제주도민 열 명 중 한 명이 사라졌습니다.

제주 4·3의 시작

1945년 해방을 맞은 다음에도 제주도는 실직난, 생필품과 식량 부족,
콜레라 유행 등으로 혼란스럽고 어려운 시간을 보내고 있었어요.
남한을 점령한 미군정은 도망쳤던 친일파 관리들을 다시 채용했는데,
이들이 식량 배급 등에 비리를 일으키면서 도민들의 불만이 쌓이고 있었죠.
1947년 3월 1일 삼일절 집회에서는 말을 탄 경찰이 아이를 치고 그대로 가 버리는 사건이 일어납니다.
항의하는 사람들에게 경찰이 총을 쏘면서 많은 사람이 다쳐요.
제주도민들은 3월 10일, 관련자 처벌과 사과를 요구하며 총파업을 시작합니다.
제주도 전체 관공서와 기업의 95퍼센트가 참가한 총파업은
제주도민들의 성난 민심을 보여 주고 있었어요.
하지만 미군정과 경찰은 사과하는 대신,
파업에 참가한 도민들을 체포하기 시작합니다.

1948년 4월 3일, 악몽의 시작

1년여 동안 제주도민 2500여 명이
체포되었어요. 감옥이 비좁아
앉아 있을 수조차 없을 지경이었죠.
친일파 경찰들은 체포된 사람들을 모질게 고문합니다.
이 과정에서 학생 세 명이 목숨을 잃는 안타까운 일까지 일어나요.

이 일은 제주사회의 억눌려 온 분노를 폭발시킵니다.
1948년 4월 3일 밤, 무장대가 경찰서를 공격합니다.
우익 인사뿐 아니라 그 가족이 살해되는 일도 일어나요.
제주도민들을 큰 충격에 빠뜨린 이날의 잔인한 폭력은 멈출 줄 모르고
제주도 전역으로 확산되어 갑니다.

정부, 대학살을 명령하다

1948년 11월 17일, 정부는 제주도 전체에 계엄령을 내리고
해안에서 5킬로미터 이상 떨어진 곳에 있는 사람들을 모두 죽이라고 명령합니다.
산으로 숨어든 무장대(산사람)를 없애기 위해
제주도민들이 대대로 살아온 집과 마을 전체를 없애겠다는 결정이었죠.
이 명령으로 한라산 기슭에서 말을 키우고 밭농사를 짓던 마을의
95퍼센트 이상이 불에 타 없어지고, 수많은 사람이 죽거나 다쳤어요.
도민들은 집과 가족을 잃었고, 학교는 불에 타 사라졌습니다.
농사와 같은 생업은 물론, 교육도 중단되었어요.
폭력을 피해 산으로 숨어들었다가 '산사람'으로 오해받아 죽은 사람도 많았습니다.
해안 마을에서도 수많은 사람들이 학살됐어요.
조금이라도 마음에 들지 않으면
사람을 마구잡이로 죽여 버리는 세상이었어요.
사람들은 공포에 질린 채
어린 시절 친구가, 동네 주민이,
가까운 친척이 눈앞에서
처형 당하는 모습을
지켜볼 수밖에 없었습니다.

비극의 땅, 제주

제주 4·3은 냉전 이데올로기와 남북의 대치 상황이 가져온 끔찍한 비극이었습니다. 서너 집 건너 하나는 일가친척인 제주의 특성상 제주도민은 누구나 직간접적인 4·3의 피해자였어요. 하지만 정부는 국가 폭력을 인정하고 사과하는 대신, '반공'이라는 이데올로기로 제주도민들을 위협하며 침묵을 강요했어요. 공산당, 간첩이라는 누명을 쓰고 억울한 옥살이를 하는 사람도 많았지만 누구도 선뜻 돕겠다고 나설 수 없었습니다. 정부가 만든 연좌제는 4·3과 조금이라도 관계 있는 사람은 형제, 자식, 사촌까지 제대로 된 일자리를 가질 수 없도록 했기 때문이에요. 마을공동체는 대립과 갈등으로 뿔뿔이 흩어질 수밖에 없었습니다.

다랑쉬굴이 드러낸 진실

제주 4·3의 진실을 밝히려는 노력은 1987년 민주화가 이루어진 다음에야 시작될 수 있었어요. 공식적인 4·3 추모제가 열리고 진실을 밝히려는 운동이 시작되었죠. 하지만 정부와 관련자들은 반공 이데올로기를 들어 제주 4·3의 진실을 왜곡하려고 했어요. 1992년, 북제주군 다랑쉬굴에서 발견된 열한 구의 유골은 모든 논란의 마침표가 되었습니다. 아홉 살 어린이, 여성 세 명이 포함된 유골은 제주 4·3이 정부폭력이었음을, 죄 없는 도민들을 향한 학살이었음을 보여 주는 명확한 증거였어요. 제주 경찰은 다랑쉬굴 입구를 콘크리트로 봉쇄하고 서둘러 유골을 화장하는 등 진실을 가리기에 급급했지만 제주 4·3의 진실을 밝히라는 목소리는 전국으로 퍼져 나갔고, 1993년 제주 4·3 특별위원회 설치, 1999년 제주 4·3 특별법 제정으로 이어졌어요.

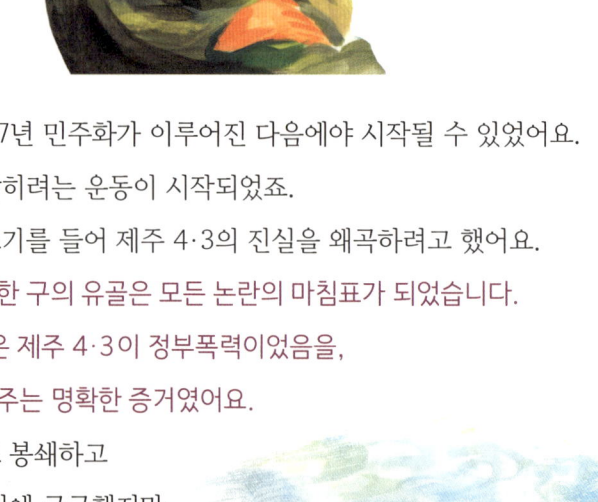

국가가 인정하고 사과하다

2003년 10월, 노무현 대통령은 국가 원수로서 처음으로 제주 4·3을 사과했습니다.
2005년에는 국가 차원에서의 사과가 이루어졌으며,
2006년 4월 3일에는 58주기 위령제에서 대한민국 정부 차원의 사과가 이루어졌습니다.
2020년에는 4·3으로 억울하게 감옥살이를 했거나 하고 있는 이들,
전과자로 생을 마감한 이들에 대한 재심이 열렸고, 모두에게 무죄가 선고되었습니다.
형사 보상이 이루어지기도 했어요.
희생자와 유족들에게 갖가지 혜택을 보장하는 제도도 마련되었습니다.
2022년부터는 '4·3 희생자 추념일'이 전국 달력에 공식적으로 표기되어
희생자와 유가족 분들의 아픔을 잊지 않도록 하고 있어요.

제주 4·3 민주항쟁의 의미

그럼에도 제주 4·3에는 여전히 정식 이름이 없습니다.
때문에 4·3 평화기념관에는 아무것도 적히지 않은 비석이 세워져 있습니다.
진정한 4·3의 이름을 새길 수 있는 그날을 기다리면서요.
제주 4·3은 국가 폭력에 저항한 시민 저항 운동이자
분단을 반대한 통일 운동이며 국가 폭력에 너무나 많은 시민들이 희생된
가장 비극적인 근현대사 중 하나입니다.
하지만 편견과 차별의 시선은 지금까지도 희생자와 유가족들을 괴롭히고 있어요.
정의롭고 공정한 사회는 역사를 바로 보고 기억하는 바탕 위에서만이 올곧게 세워질 수 있습니다.
미래 사회를 이끌어 나갈 민주 시민으로서
우리는 제주 4·3을 바로 보고 아프게 되새기며 잊지 않아야 합니다.

세상을 바꾼 그때 그곳으로 시리즈

❶ 엄마의 꿈, 딸의 꿈　1965년 프랑스 여성노동권
❷ 버스 타기를 거부합니다　1955년 미국 인종차별반대운동
❸ 아빠, 구름 위에서 만나요　1942년 폴란드 나치의 유대인 학살
❹ 베를린 장벽이 무너진 날　1989년 독일 통일의 첫걸음
❺ 게르니카, 반전을 외치다　1937년 스페인 게르니카 시민학살
❻ 소금 행진과 간디　1930년 인도 비폭력 저항운동
❼ 오월의 주먹밥　1980년 한국 5·18 민주화 운동
❽ 바다가 검은 기름으로 덮인 날　2007년 한국 태안 기름 유출
❾ 하마터면 한글이 없어질 뻔했어!　1443~1446년 한국 훈민정음 창제부터 반포까지

세상을 바꾼 그때 그곳으로 10
다랑쉬굴 아이 : 1948년 한국 제주 4·3 민주항쟁

글쓴이 김미승 | 그린이 이소영 | 펴낸이 곽미순 | 책임편집 윤소라 | 디자인 이순영

펴낸곳 ㈜도서출판 한울림 | 편집 윤소라 이은파 박미화 | 디자인 김민서 이순영 | 마케팅 공태훈 윤도경 | 경영지원 김영석
출판등록 2004년 4월 12일(제2021-000317호) | 주소 서울특별시 마포구 희우정로16길 21 | 대표전화 02-2635-1400 | 팩스 02-2635-1415
블로그 blog.naver.com/hanulimkids | 페이스북 www.facebook.com/hanulim | 인스타그램 www.instagram.com/hanulimkids
첫판 1쇄 펴낸날 2024년 6월 7일　ISBN 979-11-6393-162-1 77810　979-11-6393-029-7(세트)

이 책은 저작권법에 따라 보호 받는 저작물이므로, 저작자와 출판사 양측의 허락 없이는 이 책의 일부 혹은 전체를 인용하거나 옮겨 실을 수 없습니다.

* 한울림어린이는 ㈜도서출판 한울림의 어린이 책 브랜드입니다.　* 잘못된 책은 바꾸어 드립니다.

어린이제품안전특별법에 의한 제품 표시 제조국 대한민국　사용연령 8세 이상